EDICT DV ROY

PORTANT CREATION DE CENT
cinquante Huiſſiers Sergens des Tailles,
pour executer les contrainctes , concer-
nans les Aydes, Tailles, Taillon , cruë du
Preuoſt , droicts Alienez, Sur-taux de la
Cauallerie , & toutes autreſ Impoſitions
qui ſeront faictes en vertu des Commiſſions de ſa Maieſté : Auec attribution de
gages aux Anciens , pour eſtre déchargés
de toutes recherches ; Et pouuoir d'ex-
ploiter par tout le Royaume , Comme
auſſi Creation de cent Procureurs Poſtulans és Eſlections , & en toutes les Iuriſ-
dictions dependantes d'icelles.

1620

OVIS PAR LA GRA-
ce de Dieu, Roy de Fran-
ce & de Nauarre, A tous
preſens & à venir, Salut.
Ayant par noſtre Edict du mois de Fe-
urier mil ſix cens trente-quatre, ſup-
primé tous les droicts alienés ſur les
Tailles & iceux conuertis en rentes,
Nous aurions en execution d'iceluy
pourueu à l'impoſition & leuée de la
ſomme de treize millions huict cens
mil liures, à laquelle nous auons fixé &
arreſté tous leſdits droicts & auſſi de
pluſieurs ſommes, que nous auons
eſté obligé de leuer ſur nos ſubjects,
pour les ſurtaux de noſtre Cauallerie,
& autres deſpences de cet Eſtat; au recouurement deſquelles ſommes &

A ij

execution des contrainctes deliurées
pour ce faire, autres Huiſſiers & Sergens que ceux de nos Tailles ont eſté
employez, qui nous en ont fait diuerſes plainctes, & nous a eſté remonſtré
que leſdits Huiſſiers, & Sergens des
Tailles ne ſont en ſuffiſant nombre
pour executer toutes les contrainctes,
tant de ceux qui ſont commis audit
recouurement, que des Receueurs des
Aydes, Tailles & Taillon. Surquoy
diuerſes propoſitions nous auroient
eſté faictes, les vnes de creer & eriger
des Huiſſiers & Sergens pour l'execution des contrainctes qui ſeroient decernées pour le recouurement deſdits
droicts alienez, ſurtaux de la Cauallerie, & autres deſpences qui excedent
beaucoup nos Tailles, Taillô, les autres
d'augmenter le nombre de nos Huiſſiers & Sergens des Tailles en chacune
Ellectiô, & tant aux anciens que nou-

ueaux qui feroient par nous crées, leur attribuer conioinctement & concurremment l'execution de toutes les contrainctes tant pour nos Aydes, Tailles, Taillon, creuë du Preuoſt, droicts Alienez, furtaux de la Cauallerie, & autres deſpences, que toutes autres qui feront données ſur les impoſitions par nos Eſleus en execution de nos Commiſſions, comme auſſi plaintes nous ont eſté faictes qu'en aucunes Eſlections, Il n'y auoit nombre ſuffiſant de Procureurs Poſtulans pour l'aſſiſtance de nos ſuiets, qui font aſſignez en icelles, ou obligez de ſi pouruoir; Et que pour y remedier, il feroit neceſſaire d'en augmenter le nombre: Leſquelles propoſitions ayant eſté examinées en noſtre Conſeil, ou eſtoient aucuns Princes Officiers de noſtre Couronne, & autres grands & notables perſonnages; NOVS DE

L'ADVIS d'iceluy, & de noftre certaine
fcience, plaine puiffance & authorité
Royalle, Auons par le prefent Edict
perpetuel & irreuocable Creé & erigé,
Creons & erigons en tiltres d'offices
formez, aufquels fera par nous des à
prefent pourueu, & dorefnauant par
nous & nos fucceffeurs Roys en cas de
vacation & refignation de perfonnes
idoines & capables le nombre de cent
cinquante nos Huiffiers & Sergents
des Tailles en toutes les Eflections de
l'eftenduë de nos Chambres des Comptes de Paris, & Rouën qui feront dif-
tribuées, & defpartis par chacune defdites Eflections, felon quelles en auront plus de befoing, eu égard au nombre des anciens defia eftablis en l'eften-
due defdites Eflections fuiuant le rool-
le qui en fera arrefté en noftre Confeil
Aufquels Huiffiers, & Sergents des
Tailles & à chacun d'iceux : Nous auós

attribué & attribuons, en l'estenduë
de son Eslection conioinctement &
concurrément auec nos anciens Huissiers & Sergents des Tailles qui y sont
establis, l'execution de toutes les contrainctes qui seront decernées tant par
nos Receueurs que Fermiers, & Commis, soit pour les deniers de nos Aydes,
Tailles, taillon, creuë du Preuost, droits
Alienez, surtaux de la Caualerie, & autres despences, & generallement pour
tous deniers qui ont esté & seront im-
posez par nos Esleus, en vertu de nos
Commissions: Ausquels nous ordon-
nons de faire vn despartement par
nombre egal des Parroisses entre nos-
dits Sergents, tant anciens, que nouueaux, pour trauailler par eux à l'execution desdites contrainctes, suiuant
les Reglemens sur ce faicts, sans permettre ny souffrir qu'autres que nos-
dits Huissiers & Sergents soient à ce

faire employez , leur enjoignant de
multer par peines & amandes ceux
qui pourroient les y troubler ; Et affin
qu'ils ayent plus de moyen de nous
bien & fidellement seruir , nous
auons par ces presentes attribué à
nosdicts Huissiers & Sergents, tant
anciens que noueaux, créez par le
present Edict , iusques à la somme de
vingt-cinq mil liures de gages , pour
estre distribuez suiuant le Rolle qui en
fera pour ce arresté en nostre Conseil,
lesquels seront employez doresnauāt
dans les estats de nos Finances, pour
leur estre payez par nos Receueurs des
Tailles en l'Eslection de leur establissement, à la charge de payer par les anciens les sommes ausquels ils seront
moderément taxez pour ladite attri-
butió & cóseruation en leursdites charges & toutes autres contenues au present Eedict , vn mois apres la significa-

tion qui leur en fera faicte au Greffe de
l'Eſlection de leur eſtabliſſement, & faute de payer leurſdites taxes ne pourront mettre a execution aucunes contrainctes pour leſdits droicts alienez,
& ſurtaux de la Caualerie a eux attribuez par le preſent Edit; Ce que nous
leur interdiſons, à peine de nullité &
de faux, & par ces meſmes preſentes
auons deſchargé & deſchargeons leſdits Huiſſiers & Sergens anciens qui
payerõt leſdites taxes dans ledit temps
d'vn mois, de toutes recherches pour
les abus & maluerſatiõs iuſques a preſent, dont ils pourroient eſtre recherchez, & ledit temps paſſé, voulons
qu'ils ſoient recherchez deſdits abus &
maluerſations, & contraints à la reſtitution de ce qu'ils auront indeuëment
pris pour les contrainctes & executions, & a cet effect toutes commiſſions neceſſaires ſerõt expediées, & at-

tributions aufdits nouueaux Huiſſiers
& Sergens, creez par le preſent Edict,
exemption de cent ſols du principal de
la Taille, ſur ce qu'ils ſont à preſent
impoſez aux Roolles d'icelle, ſans qu'à
l'aduenir ils puiſſent eſtre augmentez,
pour quelque cauſe & occaſion que ce
ſoit : & la faculté tant auſdits antiens
que nouueaux Sergens des Tailles d'ex-
ploicter par tout noſtre Royaume.
Tous Arreſts, Sentences, Iugemens, &
autres actes, comme nos autres Huiſſiers ſans qu'ils ayent beſoing de pre-
ſter pour ce autre ſerment que parde-
uant nos Officiers, auſquels ils le doi-
uent par nos Edits & Ordónances : fai-
ſant defféces à nos Baillifs, Seneſchaux
Chaſtelains, Preuoſts, leurs Lieute-
nans & autres nos Iuges, d'en prendre
cognoiſſance, & de les empeſcher en
ladite fonction, à peine de ſuſpenſion
de leurs charges, & de tous deſpens

dommages & interefts ; Comme auffi
pour faire ceffer les plaintes de nof-
dicts fubiects, Nous auons par ce prefent noftredict Edict, Creé & erigé,
Creons & erigeons en tiltres d'offices
formez cent Procureurs poftulás efdi-
ctes Eflections pour y eftre diftribuez,
fuiuant le Rolle qui en fera arrefté en
noftredict Confeil : lefquels pourront
poftuller en toutes les Iurifdictions
du lieu ou nofdictes Eflections font
eftablyes, En attendant que lefdicts
offices créez par le prefent Edict foiét
remplis. Voulons que les porteurs des
lettres de prouifions & quittances de
finances defdites taxes en blanc, iouif-
fent des gages attribues aufdits offices
tant anciens que nouueaux durant le
temps & efpace de trois annees, & en
foient payez de quartier en quartier
fur leurs fimples quittáces, & que ceux
qvi feront pourueus defdicts offices

d'Huiſſiers & Sergens des Tailles, tant
Anciens que nouueaux, & de Procureurs poſtulans iouyſſent de la diſpéco
des quarente iours pour les deux an-
néesprochaines, ſans qu'ils ſoient te-
nus de payer aucun droict Annuel,
dont nous les auons deſchargez, &
pour les ſix années portées par noſtre
declaration du

Voulons qu'ils y
ſoient receus au meſme prix que les
anciens ont accouſtumé de payer, ſans
aucune augmentation. SI DON-
NONS EN MANDEMENT
aux gens de nos Comptes de Paris &
Rouën, & Cour des Aydes en reſor-
tiſſans, Preſidens & Treſoriers gene-
raux de France, du reſſort d'icelles, &
comme à chacun d'eux appartiendra
de faire chacũ en droict ſoy Regiſtrer
& executer le preſent Fedit, & le con-
tenu en iceluy garder & obſeruer ſde

point en point selon sa forme & teneur, sans permettre n'y souffrir qu'il y soit contreuenu en aucune maniere, cessant & faisant cesser tous troubles & empeschemens au contraire, nonobstant tous Edicts, Declarations, Arrests, Reglemens, & autres lettres a ce contraires, ausquelles nous auons desrogé & desrogeons par cesdites presentes & à la desrogatoire des desrogatoires y cotenues, nonobstant aussi oppositions ou appellatiós quelconques concernant l'establissement desdicts Offices & choses en dependans, pour lesquelles & sans preiudice d'icelles ne voulons estre differé, desquelles si aucunes interuiennent nous auons reseruéla cognoissance à nostredit Conseil, & icelle interdite à toutes nos autres Cours & Iuges. CAR TEL EST NOSTRE PLAISIR. Et affin que ce soit chose ferme & stable à tousiours, nous

auons fait mettre noſtre Seel à ceſdites
preſentes, ſauf en autre choſe noſtre
droict, & l'autruy en toutes. DONNE'
à   au mois de
               l'an de grace mil ſix cens
trente   Et de noſtre regne le
vingt

*Collationné à l'original par moy Conſeiller
& Secretaire du Roy, & de ſes Finances.*